collana didattica di musiche a cura di

Celestino Dionisi

Dedicato al Flauto Dolce

Il libro dei salti
per Soprano

The book of jumps
for Descant recorder

Vol. 1

ISBN: 978-88-93328-53-1

Baroque Personal Trainer
http://studioemc.it/baroquetrainer/

Per vedere i video relativi a questo e ad altri volumi della collana:
To view videos on this and other books in the series:
You Tube http://www.youtube.com/user/BaroqueTrainer

Il libro dei salti
per Soprano
The book of jumps
for Descant Rercorder
Vol. 1

Celestino Dionisi

Do maggiore

1) Intervalli di terza

1a)

1b)

BPT - 011-1

2

1c)

2c)
3) Intervalli di quinta
3a)

3b)
3c)
4) Intervalli di sesta
4a)

4b)
2/4
3
4c)
2/4
2/4

5) Intervalli di settima

5c)
6) Intervalli di ottava
6a)
6b)

6c)

1d)

2d)

3d)

4d)

5d)

6d)

La minore armonica

1) Intervalli di terza

2) Intervalli di quarta

3) Intervalli di quinta

4) Intervalli di sesta

4a)

4b)

4c)

5) Intervalli di settima

5a)
5b)
5c)
6) Intervalli di ottava
6a)

6b)
6c)
1d)
2d)
3d)
4d)
5d)
6d)

La minore melodica

1) Intervalli di terza

2) Intervalli di quarta
2a)
2b)
2c)

3) Intervalli di quinta

4) Intervalli di sesta

5b)
5c)
6) Intervalli di ottava
6a)

6b)
6c)
1d)
2d)
3d)
4d)
5d)
6d)

La minore Bach

1) Intervalli di terza

2) Intervalli di quarta

3) Intervalli di quinta

4a)

4b)

4c)

5) Intervalli di settima

5a)

5b)
5c)
6) Intervalli di ottava
6a)
6b)

6c)
1d)
2d)
3d)
4d)
5d)
6d)
Fa maggiore
1) Intervalli di terza
1a)

1b)
1c)
2) Intervalli di quarta

2a)
2b)
2c)
3) Intervalli di quinta

3a)
3b)
3c)
4) Intervalli di sesta
4a)

4b)
4c)
5) Intervalli di settima
5a)
5b)

5c)
6) Intervalli di ottava
6a)
6b)
6c)
1d)
2d)

3d)
4d)
5d)
6d)
Re minore armonica
1) Intervalli di terza
1a)

1b)
1c)
2) Intervalli di quarta

2a)

2b)

2c)

3) Intervalli di quinta
3a)
3b)

3c)

4) Intervalli di sesta

4a)

4b)

4c)
5) Intervalli di settima
5a)

38
5b)
5c)
6) Intervalli di ottava
6a)

6b)
6c)

40
1d)
2d)
4d)
5d)
6d)

Re minore melodica

1) Intervalli di terza

42

1c)

2) **Intervalli di quarta**

2a)

2b)

2c)
3) Intervalli di quinta
3a)

3b)
3c)
4) Intervalli di sesta
4a)

4b)
4c)

5) Intervalli di settima
5a)
5b)

5c)
6) Intervalli di ottava
6a)

6b)
6c)
1d)
2d)

3d)
4d)
5d)
6d)
Re minore Bach
1) Intervalli di terza

1a)
1b)
1c)

2) Intervalli di quarta

2c)

3) Intervalli di quinta

3a)

3b)

3c)
4) Intervalli di sesta
4a)

4b)

4c)

5) Intervalli di settima

5a)

5b)
5c)

6) Intervalli di ottava
6a)
6b)

58

5d)

6d)

Sol maggiore

1) Intervalli di terza

1a)

1b)

1c)
2) Intervalli di quarta
2a)
2b)

2c)

3) Intervalli di quinta

3a)

3b)

3c)

4) Intervalli di sesta

4a)
4b)
4c)
5) Intervalli di settima
5a)

5b)
5c)
6) Intervalli di ottava
6a)
6b)

Mi minore armonica

1) Intervalli di terza

1a)

1b)

1c)

2) Intervalli di quarta

2a)
2b)
2c)

3) Intervalli di quinta

4) Intervalli di sesta

5) Intervalli di settima

5a)

5b)

5c)

6) Intervalli di ottava

6a)

6b)
6c)
1d)
2d)
3d)
4d)
5d)

6d)

Mi minore melodica

1) Intervalli di terza

1a)

1b)

1c)
2) Intervalli di quarta
2a)
2b)

2c)

3) Intervalli di quinta

3a)

3b)

3c)
4) Intervalli di sesta
4a)
4b)

4c)

5) Intervalli di settima

5a)

5b)

5c)

6) Intervalli di ottava

6a)
6b)
1d)
6c)
2d)
3d)
4d)

5d)
6d)
Mi minore Bach
1) Intervalli di terza
1a)
1b)

1c)
2) Intervalli di quarta
2a)

2b)

2c)

3) Intervalli di quinta

3a)

3b)
3c)
4) Intervalli di sesta
4a)

4b)
4c)
5) Intervalli di settima
5a)
5b)

5c)
6) Intervalli di ottava
6a)
6b)
6c)
1d)

2d)
3d)
4d)
5d)
6d)

Finito di stampare nel mese di Febbraio 2016

per conto di Youcanprint *Self - Publishing*